지은이 산제이 마노하
영국에서 태어났으며, 옥스퍼드 대학교의 겸임 교수로 일하면서 신경학과 인지 신경 과학을 연구하고 있어요. 전문 분야에 관해서 다양한 글을 쓰고, 훌륭한 학술상을 여러 차례 받았어요.

그린이 게리 볼러
영국에서 태어났으며, 그래픽 디자이너로 런던 광고계에서 수년간 활동했어요. 어린 시절에는 낙서를 좋아했고, 그 당시 인기가 많았던 만화 잡지 《더 비노》와 《더 댄디》를 사랑했어요. 수많은 단행본과 만화에 그림을 그렸는데요. 앞서 말한 두 잡지하고도 작업을 함께했답니다.

옮긴이 김선영
대학에서 식품 영양학과 실용 영어를 공부한 뒤, 영어 문장을 아름다운 우리말로 요모조모 바꿔 보며 즐거워하다가 본격적으로 번역을 시작했어요. 옮긴 책으로 《남친보다 절친 프로젝트!》《이번 실수는 완벽했어!》《플라스틱 지구》《이상한 나라의 앨리스》 외 여러 권이 있답니다.

말랑말랑 두뇌 탐험 ❶

첫판 1쇄 펴낸날 2024년 9월 30일 | **지은이** 산제이 마노하 | **그린이** 게리 볼러 | **옮긴이** 김선영 | **발행인** 조한나 | **주니어 본부장** 박창희 | **편집** 박진홍 정예림 강민영 | **디자인** 전윤정 김혜은 | **마케팅** 김인진 | **회계** 양여진 김주연 | **인쇄** 신우인쇄 | **제본** 에이치아이문화사 | **펴낸곳** (주)도서출판 푸른숲 | **출판등록** 2003년 12월 17일 제2003-000032호 | **제조국** 대한민국 | **주소** 경기도 파주시 심학산로 10, 우편번호 10881 | **전화** 031)955-9010 | **팩스** 031)955-9009 | **인스타그램** @psoopjr | **이메일** psoopjr@prunsoop.co.kr | **홈페이지** www.prunsoop.co.kr | ⓒ푸른숲주니어, 2024 | ISBN 979-11-7254-511-6 (74470) 979-11-7254-510-9 (세트)

잘못된 책은 구입하신 서점에서 바꾸어 드립니다.
KC 마크는 이 제품이 공통안전기준에 적합하였음을 의미합니다. 던지거나 떨어뜨려 다치지 않도록 주의하세요.

Adventures of the Brain: Brain's World
Text by Professor Sanjay Manohar and Illustrations by Gary Boller
First published in Great Britain in 2024 by Wayland.
Copyright ⓒ Hodder and Stoughton, 2024
Korean edition copyright ⓒ Prunsoop Publishing Co., Ltd., 2024
All rights reserved.

This Korean edition is published by arrangement with Hodder & Stoughton Limited,
on behalf of its publishing imprint Wayland, a division of Hachette Children's Group,
through Shinwon Agency Co., Seoul.

이 책은 신원에이전시를 통한 Hodder & Stoughton Limited와의 독점 계약으로 (주)도서출판 푸른숲에서 출간되었습니다.
저작권법에 의해 한국 내에서 보호를 받는 저작물이므로 무단 전재와 복제를 금합니다.

뇌가 뭔데?

산제이 마노하 글 | 게리 볼러 그림 | 김선영 옮김

푸른숲주니어

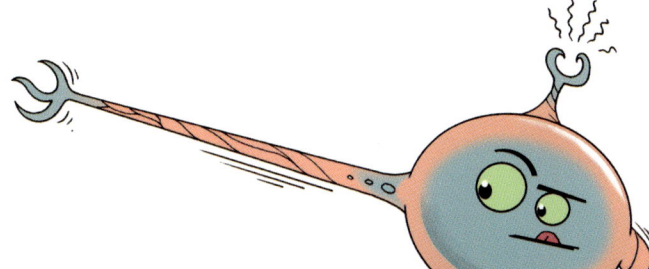

차례

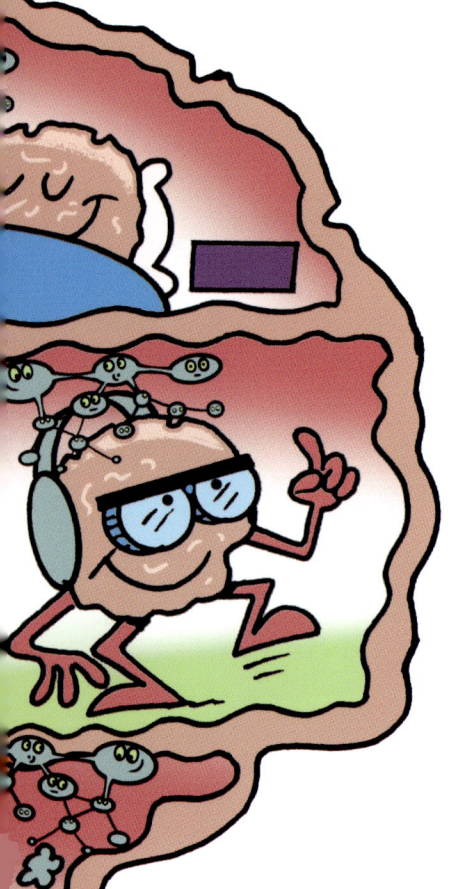

뇌가 뭔데?	4
신경이 뇌랑 몸을 연결해 준다고?	6
신경은 온몸에 퍼져 있어	8
뇌 속에 뉴런들이 살아!	10
뉴런은 팔이 아주 많아	12
찌릿찌릿! 신호를 보내 볼까?	14
뉴런은 비슷한 것끼리 모여	16

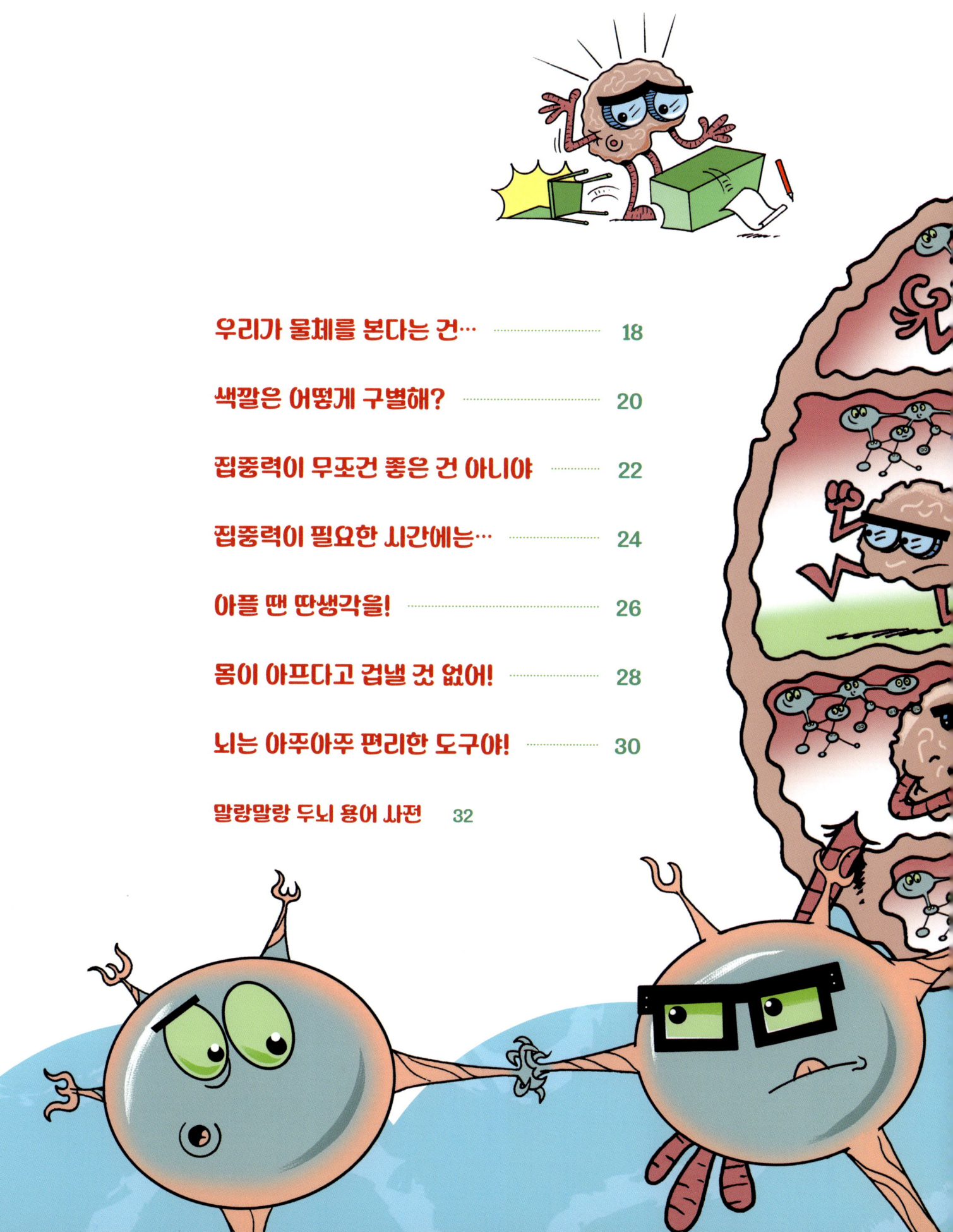

우리가 물체를 본다는 건… 18

색깔은 어떻게 구별해? 20

집중력이 무조건 좋은 건 아니야 22

집중력이 필요한 시간에는… 24

아플 땐 딴생각을! 26

몸이 아프다고 겁낼 것 없어! 28

뇌는 아주아주 편리한 도구야! 30

말랑말랑 두뇌 용어 사전 32

뇌가 뭔데?

우리 머리 속에는 뇌가 있어. 젤리처럼 말랑말랑하게 생겼지. 바로 이 뇌가 여러 가지를 생각하고, 느끼고, 상상할 수 있게 해 줘. 음, 동작도 할 수 있게 하고…….

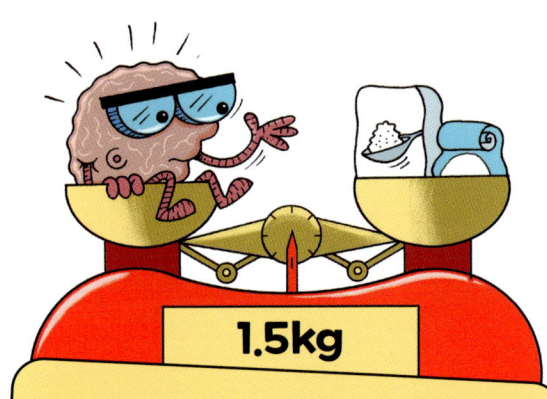

1.5kg

너, 그거 알아?

어른의 뇌는 약 1.5kg이야. 대략 파인애플 한 통이랑 비슷해. 어른 몸무게의 2~3%밖에 안 되지만, 우리 몸의 에너지를 약 20%나 써! 그 에너지를 만들기 위해 우리 몸속 혈액의 15%가 뇌로 가고 있지.

> 아, 배고파! 치킨 먹을래!

> 윽, 이게 대체 무슨 냄새지?

> 흠, 하늘을 나는 방법이 없을까?

이름 : 말랑이

사람의 뇌는 대개 비슷하게 생겼지만, 사람들이 하는 생각은 제각각이야. 정말 신기하지 않아?
뇌가 어떻게 생각을 하는지는 아직 완전히 밝혀지지 않았어. 많은 과학자가 부지런히 탐구하고 있지.

뇌는 우리를 살아 있게 하려고 잠시도 쉬지 않고 일을 해. 일을 하려면 공기 중의 산소와 음식 안의 영양소가 필요해. 우리 몸의 혈액이 산소와 영양소를 뇌까지 보내 줘.

1. 혈액은 폐에서 산소를 받고, 소화 기관에서 영양소를 받아.

2. 심장이 힘껏 뛰면, 그 힘으로 혈액이 혈관을 타고 뇌까지 올라가.

3. 뇌는 혈액이 싣고 온 산소와 영양소로 에너지를 만들어. 그 에너지로 생각하고, 느끼고, 움직이게 하는 거야. 뇌에서 몸으로 여러 가지 신호를 보내거든. 역할을 다한 혈액은 다시 심장으로 돌아가.

뇌는 어떻게 생겼을까?

뇌는 크게 세 가지 부위로 나눌 수 있어. 각 부위마다 하는 일이 달라.

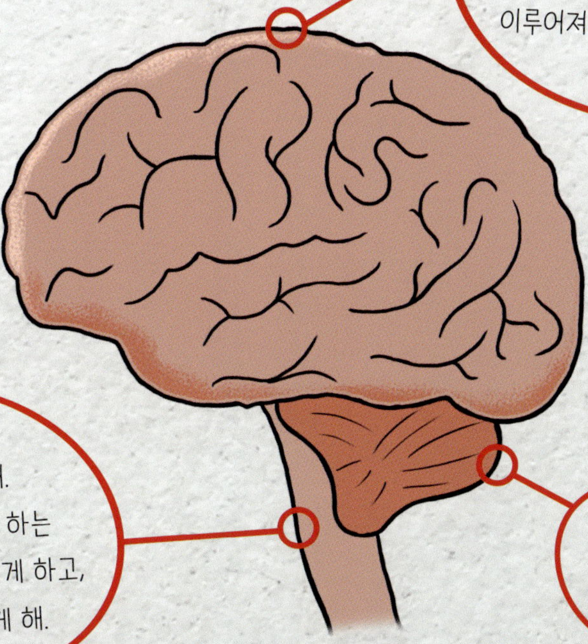

위쪽의 둥그스름한 부위를 **대뇌**라고 해. 대뇌는 뇌의 세 부위 중에서 가장 커! 주름진 겉질로 덮여 있고, 이마엽, 관자엽, 마루엽, 뒤통수엽으로 이루어져 있어. 대부분의 생각이 여기서 이루어지지.

뇌줄기는 뇌의 맨 아랫부분에 있어. 우리가 평소에 무의식적으로 하는 일을 조절하지. 눈동자를 움직이게 하고, 숨을 쉬게 하고, 심장을 뛰게 해.

뇌의 뒤쪽 부위를 **소뇌**라고 해. 우리 몸의 근육을 조화롭게 움직이도록 해 줘.

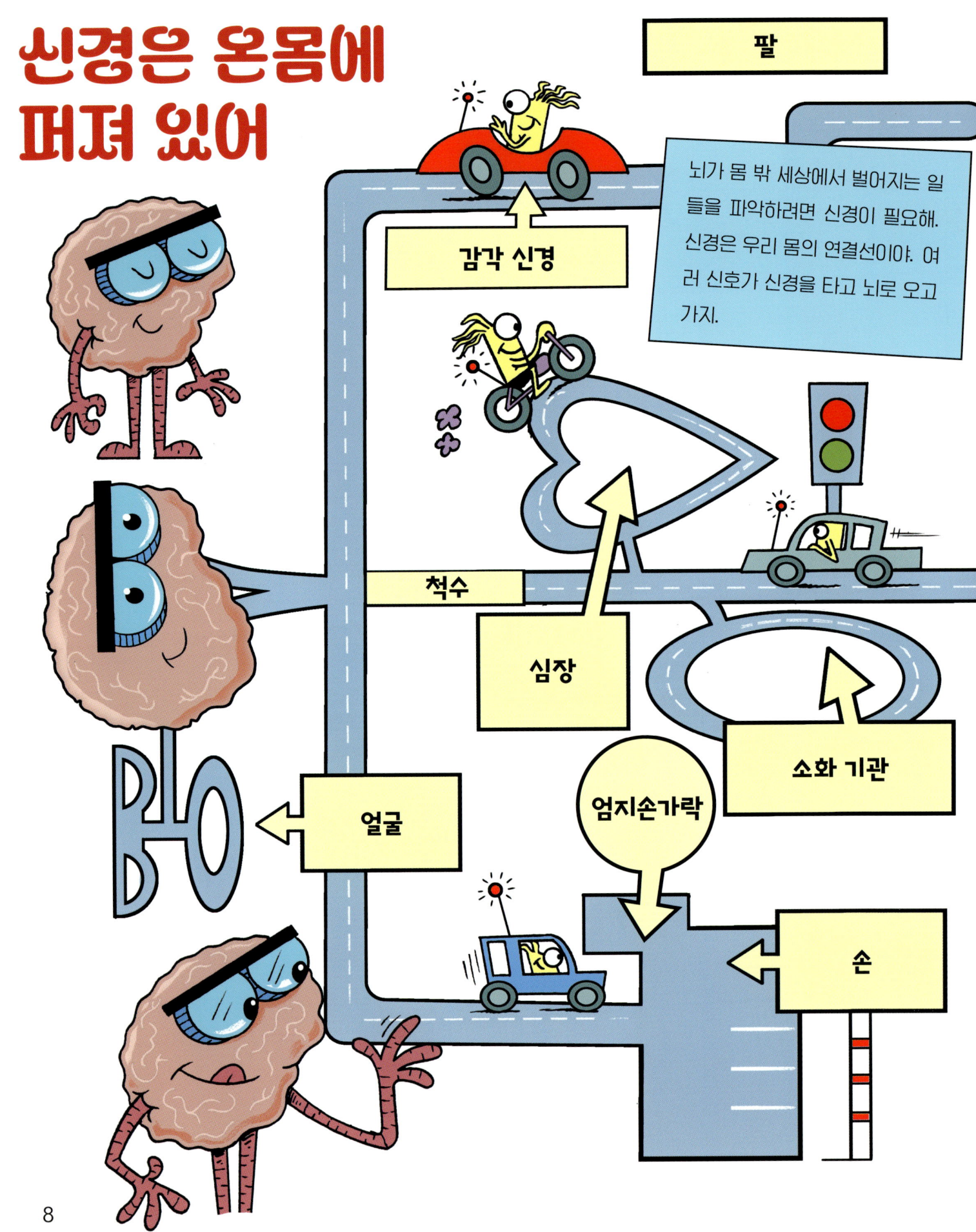

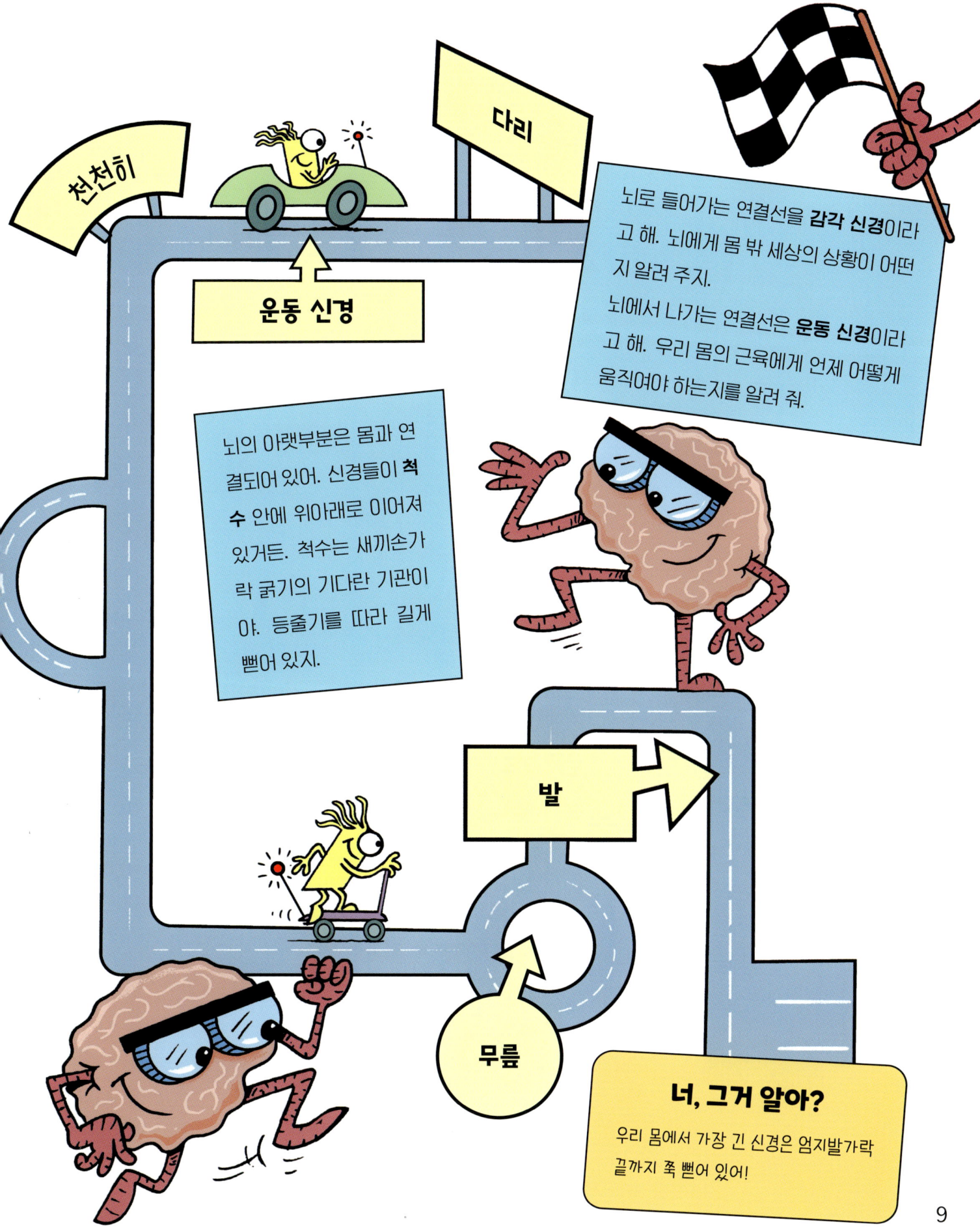

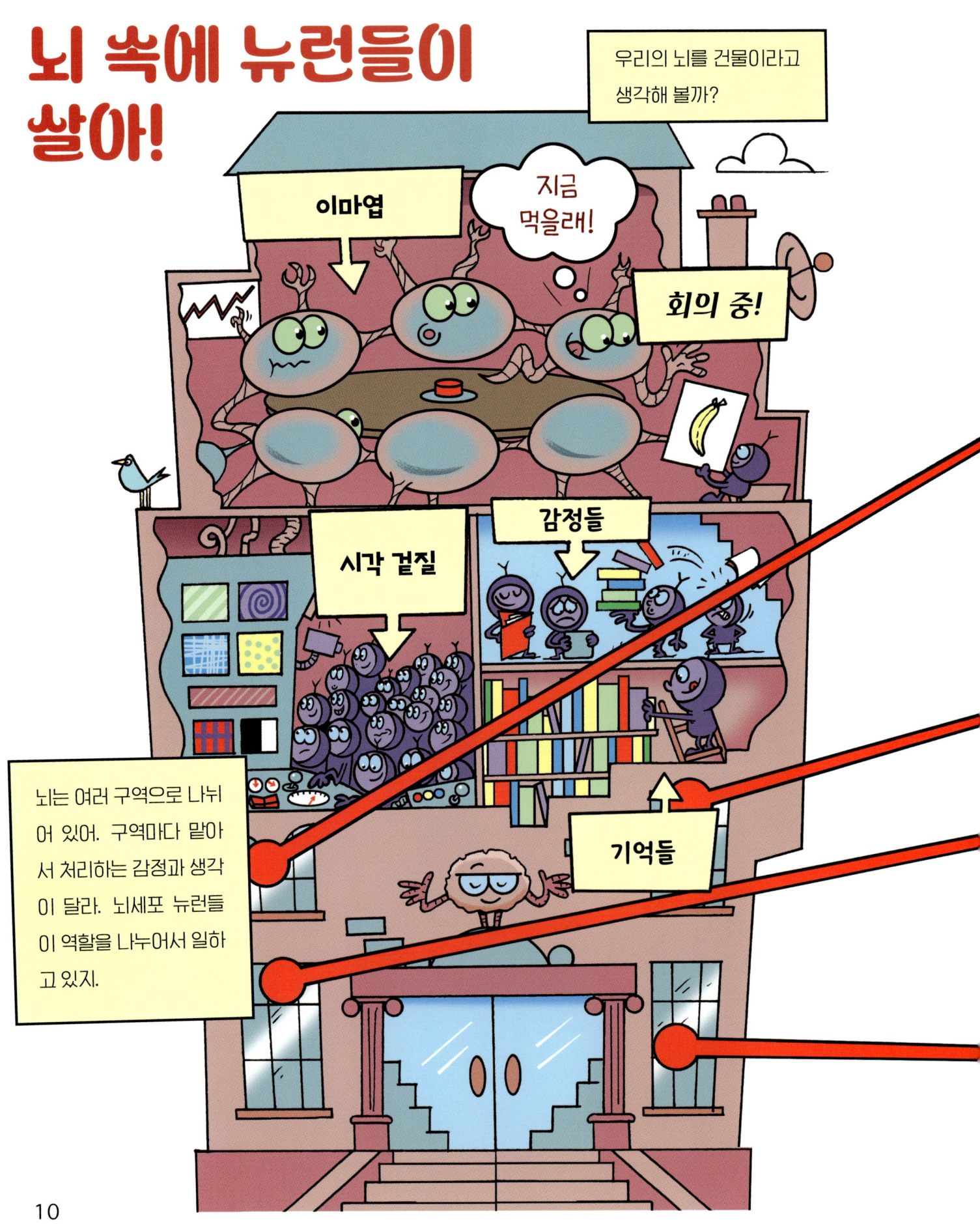

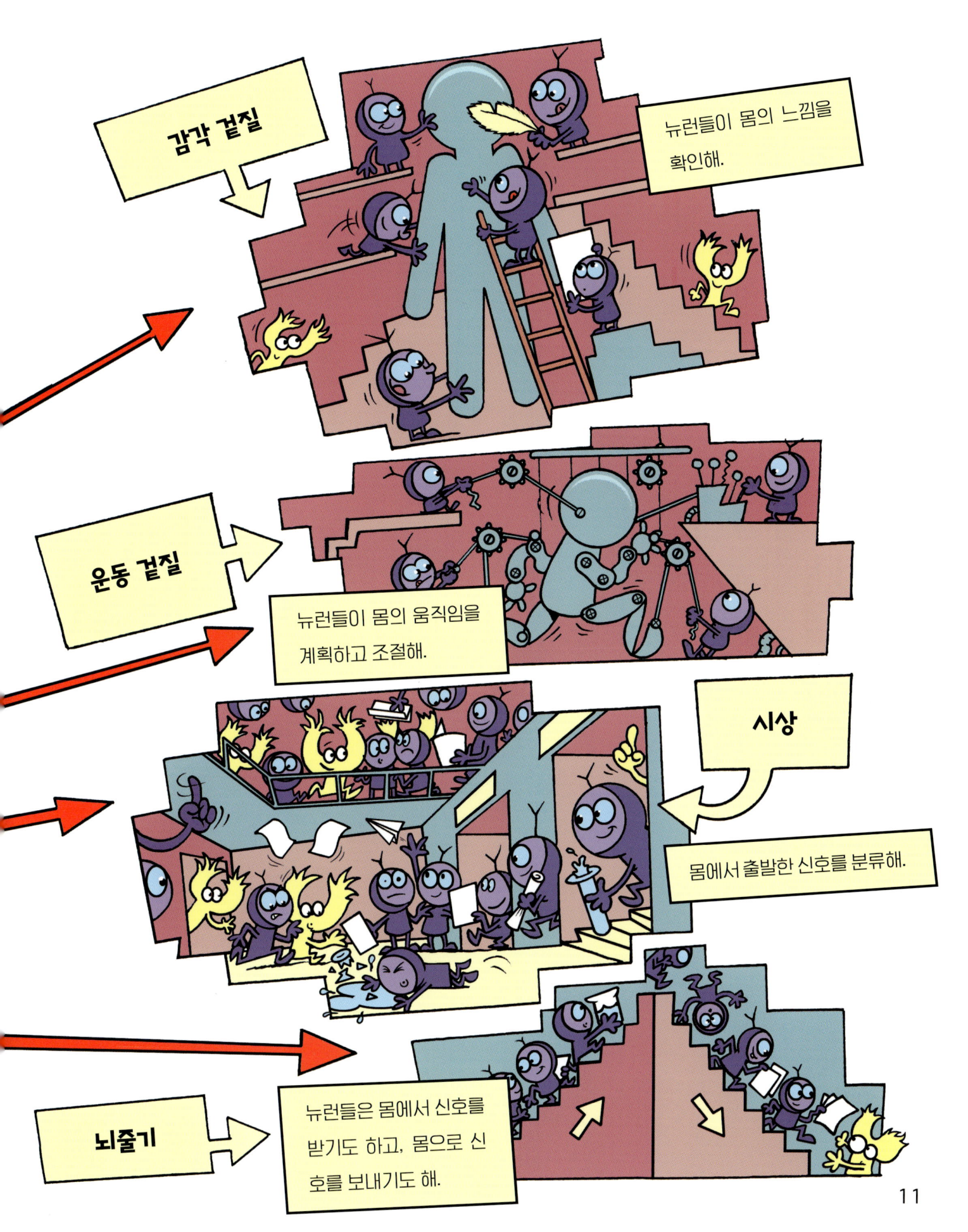

뉴런은 팔이 아주 많아

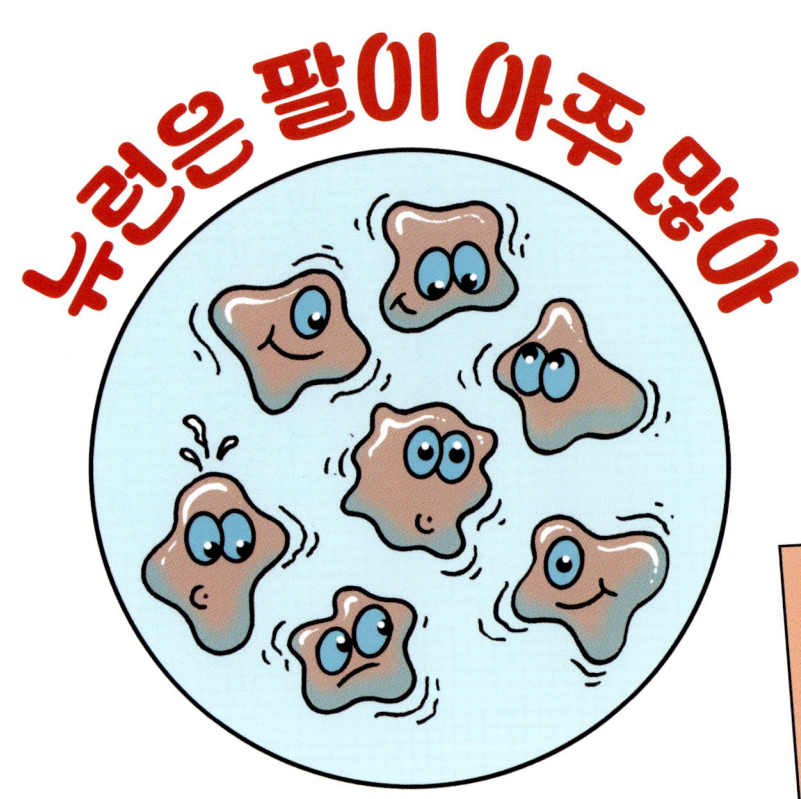

살아 있는 모든 생명은 세포로 만들어져 있어. 세포들은 아주아주 작아! 이 문장 끝의 마침표 하나에 세포를 만 개나 넣을 수 있을 정도거든.

세포들은 비슷한 것끼리 뭉쳐서 모임을 만드는데, 이걸 조직이라고 해. 조직마다 각각 다른 역할을 맡지.

뇌는 뉴런이라는 특별한 세포로 이루어져 있어. 뇌에 있는 뉴런은 약 천억 개 정도 돼!

뉴런 주위에는 보조 세포가 있어. 보조 세포는 뉴런이 영양소와 산소를 잘 공급받을 수 있게 도와줘.

보조 세포

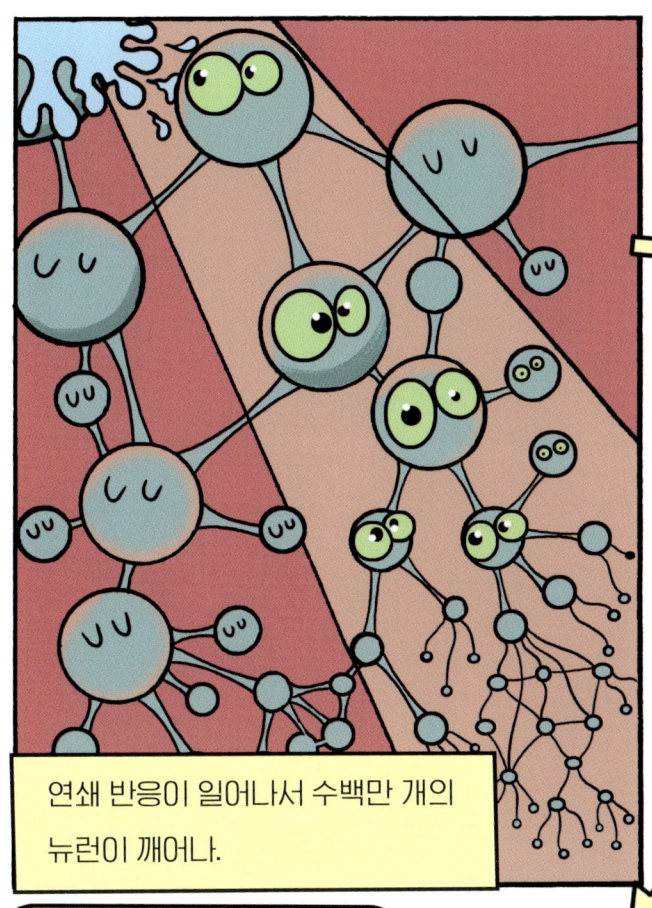
연쇄 반응이 일어나서 수백만 개의 뉴런이 깨어나.

빙고!
그 순간, 말랑이는 뭘 해야 하는지 깨닫게 되지!

우선 과자라도 사 먹어야지.
편의점
영업 중

냠냠!
감자칩

뉴런은 비슷한 것끼리 모여

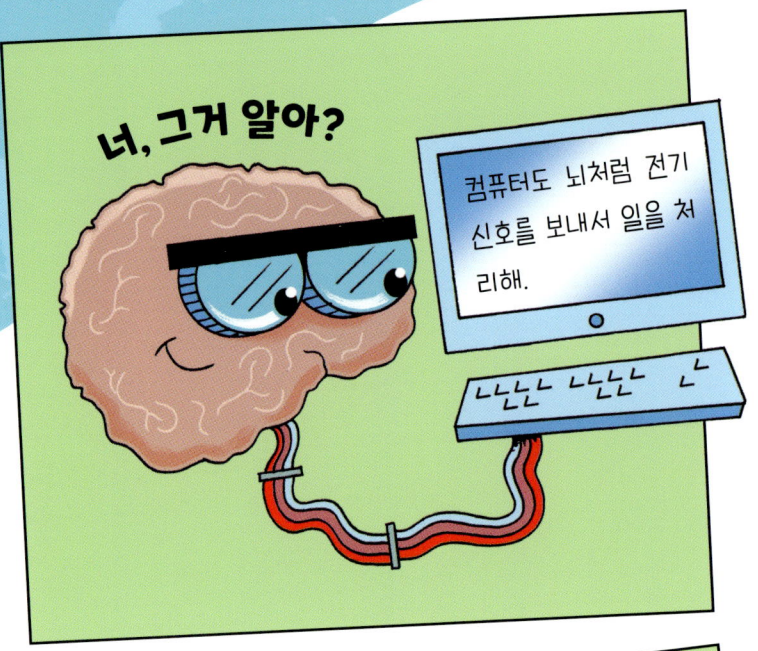

뉴런의 상태는 두 가지야. 활발하거나 얌전하지. 뉴런은 활발해지면 팔로 전기 신호를 보내. 뉴런에 달린 여러 개의 팔(돌기) 중에서 가장 길쭉한 팔을 축삭 돌기라고 해. 전기 신호는 축삭 돌기의 끝, 즉 시냅스로 가서 옆자리의 뉴런을 깨우라고 해.

전기 신호를 받은 시냅스는 화학 물질을 만들어서 다음 뉴런으로 신호를 보내. 이걸 화학 신호라고 하지. 다음 뉴런은 이 화학 신호를 알아차리는 순간부터 활발해지기 시작해. 이제 이 뉴런도 전기 신호를 보낼 수 있게 된 거야.
화학 물질은 금방 사라지기 때문에 신호가 아주 빠르게 시작되거나 멈출 수 있어.

축삭 돌기

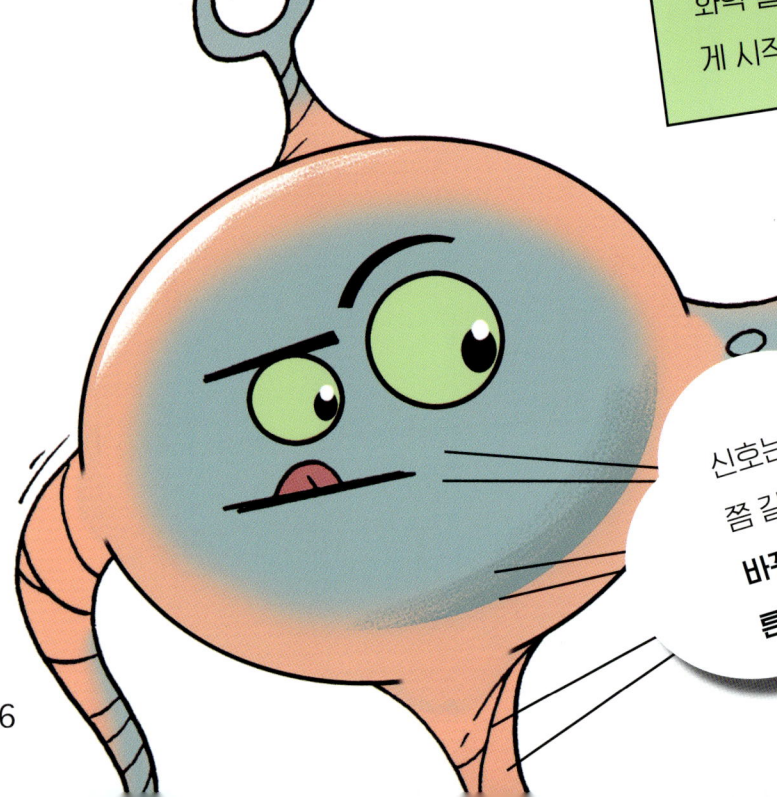

신호는 엄청 빠르게 이동해. 일 초에 백 미터쯤 갈 수 있거든. **바꾸어 말하면, 신호는 뇌의 한쪽 끝에서 다른 쪽 끝까지 일 초에 천 번이나 갈 수 있어!**

이렇게 신호가 빠르게 움직일 수 있으니까, 뉴런은 활발해졌다가도 금세 얌전해질 수 있어.

뉴런은 비슷한 것끼리 모여. 어떤 뉴런은 빛을 볼 때 활발해져. 소리를 들으면 깨어나는 뉴런도 있고, 뭔가 생각할 때만 활발해지는 뉴런도 있고. 그렇지만 어떤 뉴런이라도 다음 뉴런으로 신호를 보내는 방법은 한 가지야. 옆자리 뉴런을 팔로 쿡 찔러 깨우는 것!

야, 일어나!

우리가 물체를 본다는 건…

말랑이가 거리를 내다보고 있어. 어, 강아지가 지나가네?

물체를 본다는 건 우리 눈이 물체에서 튕겨져 나오는 빛의 모양을 감지한다는 뜻이야.

빛

동공

수용기

외부에 변화가 생길 때 활발해지는 뉴런들이 있어. 이 뉴런들을 수용기라고 불러. 우리 눈 안쪽에는 빛에 반응하는 수용기들이 넓게 퍼져 있는데, 바로 빛 수용기들이지. 빛이 비치면 활발해지거나 얌전해져.

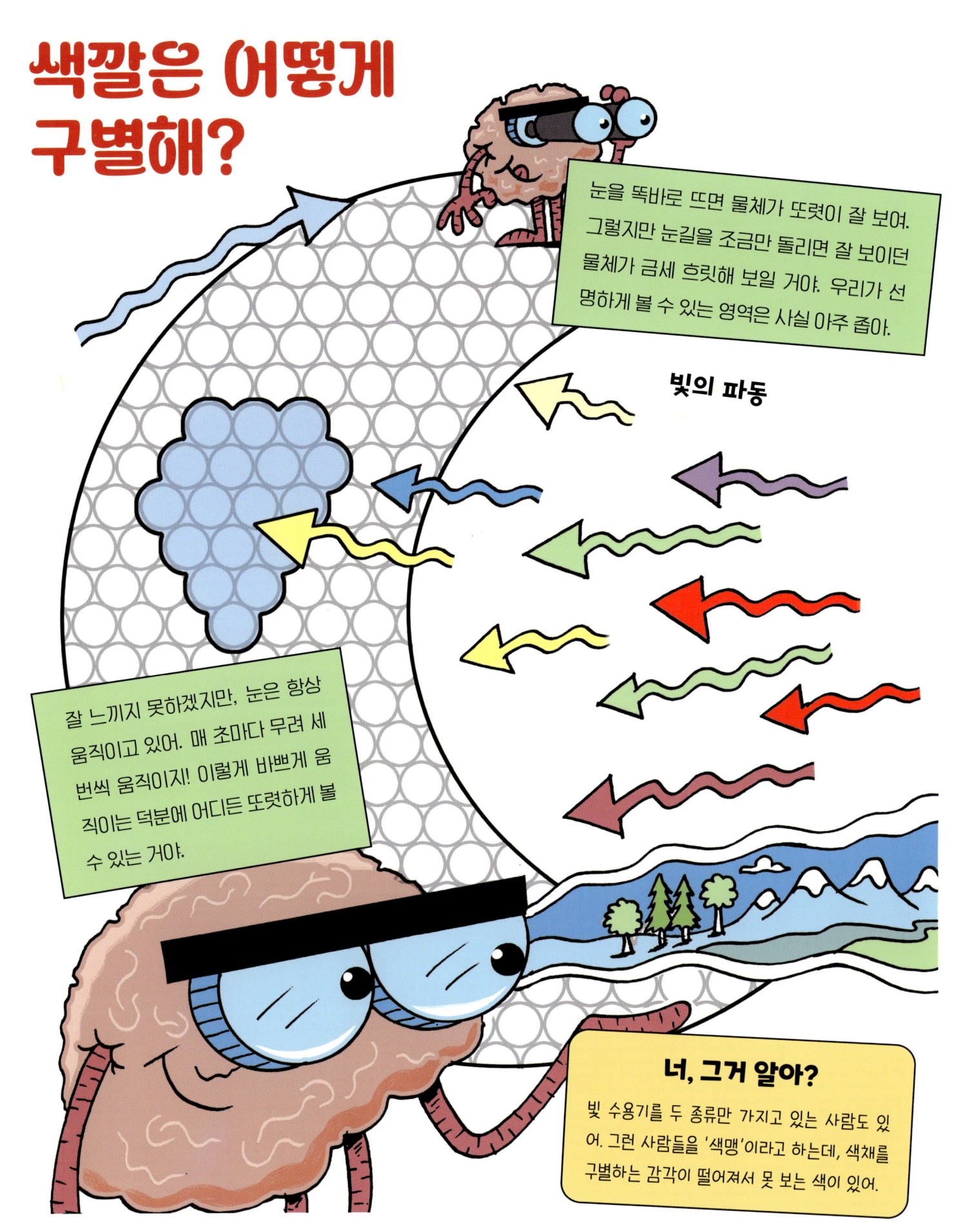

사람들은 대부분 세 종류의 빛 수용기를 가지고 있어. 그러면 아주 다양한 색깔을 볼 수 있어. 세 종류의 수용기가 빛의 삼원색을 구분하거든. 빛의 삼원색 알지? 맞아, 초록·빨강·파랑이야. 이 세 가지 빛만 있으면 수많은 색을 볼 수 있어.

우리는 환한 데서도, 어두운 데서도 물체를 볼 수 있어. 눈이 주위의 밝기에 따라 동공을 조절하거든. 주위가 환해지면 빛을 조금만 받아들이기 위해 동공을 작게 만들고, 어두운 데서는 반대로 동공을 크게 만들지. 그렇지만 동공을 아무리 조절해도 어두운 데서는 색깔이 선명하게 보이지 않아.

집중력이 무조건 좋은 건 아니야

집중력은 우리 뇌의 두 영역 사이에 놓인 대문 같은 거야.

통제실

말랑이가 정글에서 책을 읽고 있네.

쉿쉿, 이상한 소리가 나!

미안한데 지금 우린 독서 중이야.

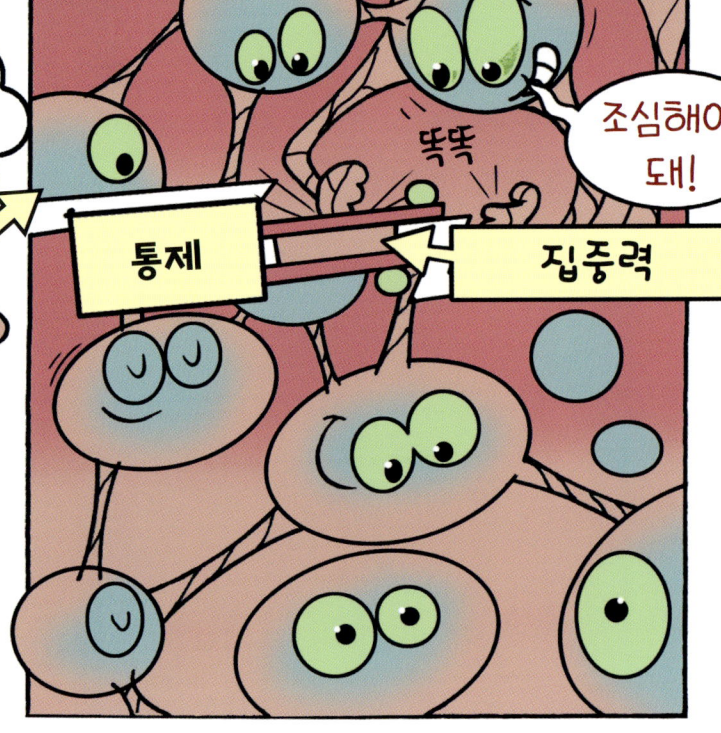

똑똑

통제

조심해야 돼!

집중력

네 차례까지 기다리라고!

쉿쉿!

위험!

통제실은 책 읽는 데 집중하느라 이상한 소리를 못 듣고 있어!

서둘러! 도망쳐!

으악!

도망쳐!

집중력이 필요한 시간에는…

감각 기관들은 뇌로 끊임없이 신호를 보내.

눈에서는 빛 신호를 받고, 귀에서는 소리 신호를 받아. 온몸에 퍼져 있는 촉각 신호도 신호를 멈추지 않지.

그렇지만 이 모든 신호에 계속해서 신경 쓸 수는 없어. 어떤 것에 집중할지 선택해야 해. 그걸 주의 집중 능력이라고 하는데, 한 가지 일에만 초점을 맞추게 하는 거야.

너, 그거 알아?

한 가지 일에 집중하는 것을 남달리 어려워하는 사람들도 있어. 이런 현상은 '주의력 결핍' 때문일 수 있어. 주의력 결핍인 사람들은 어떤 일을 할 때 다른 사람들보다 시간이 더 오래 걸려.

집중력은 이마엽과 수용기에 달려 있어

이마엽은 무엇에 집중해야 할지를 결정해. 교실에 있을 때, 이마엽은 선생님께 초점을 맞추겠지?

수용기는 주의를 돌리는 일을 해. 교실 뒤에서 큰 소리가 나면, 선생님을 보고 있어야 하는데도 무심코 뒤를 돌아보게 되겠지? 수용기가 긴급 신호를 보냈기 때문이야!

어딘가에 주의를 집중하는 건 참 어려워. 과학자들은 아직 그 이유를 파악하지 못하고 있어. 어쩌면 이런 거 아닐까? 만약 우리가 정글에 사는 동물이라면, 한 가지 일에 온 정신을 집중하다간 위험을 못 알아차릴 수도 있잖아?

쉿쉿!

정글에서는 뒤에서 큰 소리가 나면 꼭 뒤돌아봐야 해!

몸이 아프다고 겁낼 것 없어!

통증은 우리의 안전장치야.
- 너무 뜨거운가?
- 너무 차갑나?
- 너무 세게 눌리고 있나?
- 피부가 베이거나 찢어졌나?

수용기들은 우리 몸의 변화를 꼼꼼히 관찰해.

통증 신호는 피부에서 출발해서 신경을 통해 척수에 도착해. 그다음에 쭉 올라가서 뇌의 중심부에 닿지. 그러면 우리는 통증에 반응하게 돼. 이런 일이 생기면 뇌는 늘……

하던 일을 그만두게 해서 우리 몸을 보호해!

등뼈(척추)가 있는 동물은 대부분 우리와 같은 신경 경로를 이용해.
물고기, 파충류, 조류, 포유류 모두 마찬가지지.

아픈 건 싫어!

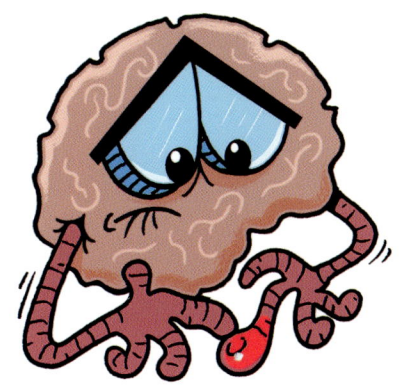

상처에 집중할수록 더 아파. 뇌를 써야 하는 다른 일을 하면 덜 아플 거야.

상처 주위를 만지면 통증 신호를 차단할 수 있어.

진통제는 신경 신호를 차단해. 그래서 진통제를 먹으면 통증이 가라앉잖아. 그렇다고 아무 때나 먹지는 말고!

상처 부위의 온도를 낮추면 통증을 알리는 신경의 속도를 늦출 수 있어.

아프다고 겁먹지 마!

뭔가를 무서워하는 게 좋을 때도 있어. 만약 우리가 정글에 사는 동물이라면 위험한 걸 무서워해서 가까이 가지 않아야 안전하겠지?

그런데 사람은 무서워하기만 하다간 통증이 더 심해질 수도 있어. 그러니까 **무서움 따위 떨쳐 버리고 용감해지자!**

너, 그거 알아?

어떤 사람들은 아플 때 명상을 해. 명상을 하면 마음이 어디로 향할지 통제하고 조율하는 법을 배울 수 있대. 명상을 잘하면 생각의 힘만으로 통증 신호가 뇌로 들어가는 것을 막을 수도 있어!

뇌는 아쭈아쭈 편리한 도구야!

우리가 보고 느끼고 생각하고 결정하는 모든 일은 전부 다 뇌 속에서 일어나. 마치 뇌 속에 세상의 모형이 있는 것만 같지. 물론 실제로 세상의 모형이란 건 없어. 그 대신, 뉴런들이 우리 세상에서 어떤 일이 어떻게 일어날지 끊임없이 계산해 보는 거야. 머릿속에 세상이 있으면 왜 편리할까? 이것저것 상상해 볼 수 있잖아. 미리 계획을 세울 수도 있고. 또 뭔가가 필요할 때 그걸 얻기 위해 뭘 해야 할지도 미리 생각할 수 있어.

음식을 먹고 있다고 상상해 봐. 실제로 그 음식을 눈 앞에 두고 있거나 맛보고 있을 때처럼 특정 뉴런들이 활발해져.

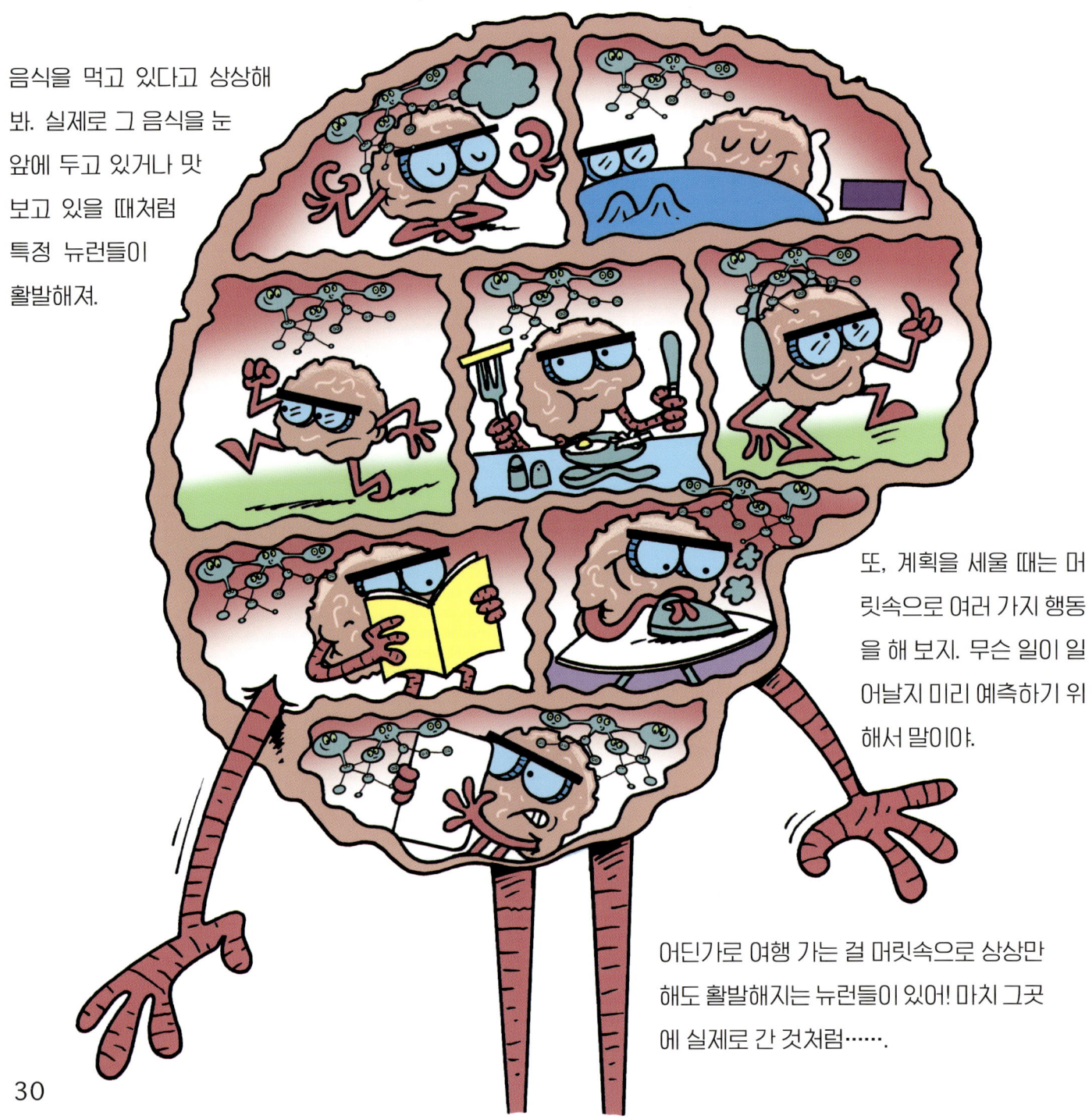

또, 계획을 세울 때는 머릿속으로 여러 가지 행동을 해 보지. 무슨 일이 일어날지 미리 예측하기 위해서 말이야.

어딘가로 여행 가는 걸 머릿속으로 상상만 해도 활발해지는 뉴런들이 있어! 마치 그곳에 실제로 간 것처럼…….

말랑말랑 두뇌 용어 사전

근육 힘줄과 살이야. 사람의 운동을 맡는 기관이지.

겉질 뇌의 겉에 있는 주름진 층을 말해. 껍질이란 뜻이야.

뇌줄기 뇌의 가장 아래에 있는 부위야. 대뇌와 척수를 연결해 주지.

뉴런 신호를 주고 받으면서 간단한 결정을 내리는 신경 세포야.

동공 눈알의 한가운데에 빛이 들어가는 부분이야. 빛의 세기에 따라 크기가 조절돼.

세포 생물체를 이루는 기본 단위야.

수용기 외부의 변화에 반응하는 세포야.

시냅스 신호를 전달할 수 있도록 뉴런들이 서로 연결되는 지점이야.

시상 뇌 가운데 부위로, 감각 신호와 운동 신호를 중간에서 연결해.

신경 뇌와 몸이 연결되게 신호를 전달하는 섬유 조직이지.

조직 같은 역할을 가진 세포들이 모인 거야.

척수 등줄기를 따라 뻗어 있는 신경 다발을 말해.

축삭 돌기 뉴런의 팔이야. 뉴런은 이 팔로 신호를 내보내.

혈액 피. 사람이나 동물의 몸 안에서 산소와 영양분과 노폐물을 옮기지.